Icare, chute d'oiseaux

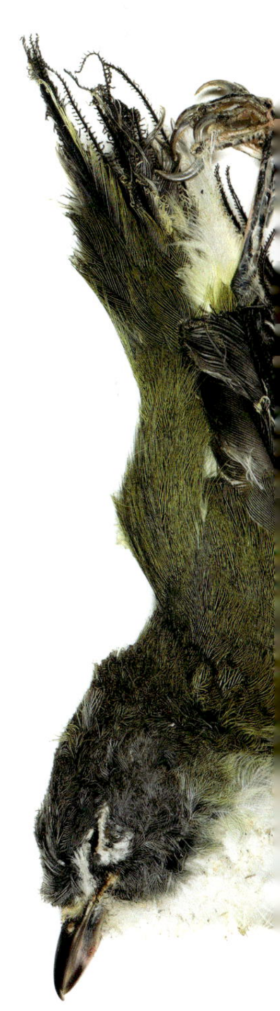

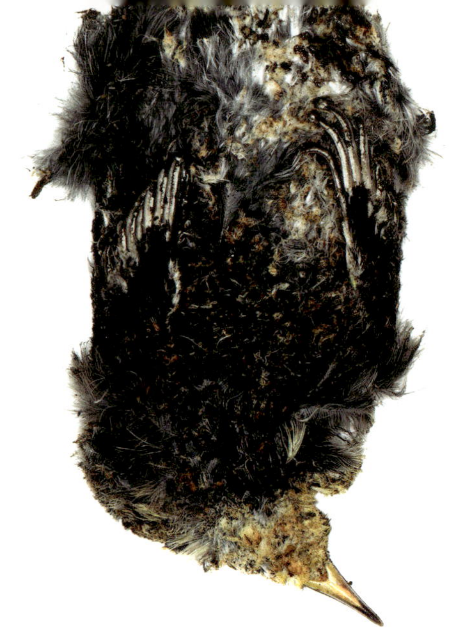

À la mémoire de Gay Hansen,
qui m'a appris à regarder le
monde avec amour, compassion
et indulgence. TH

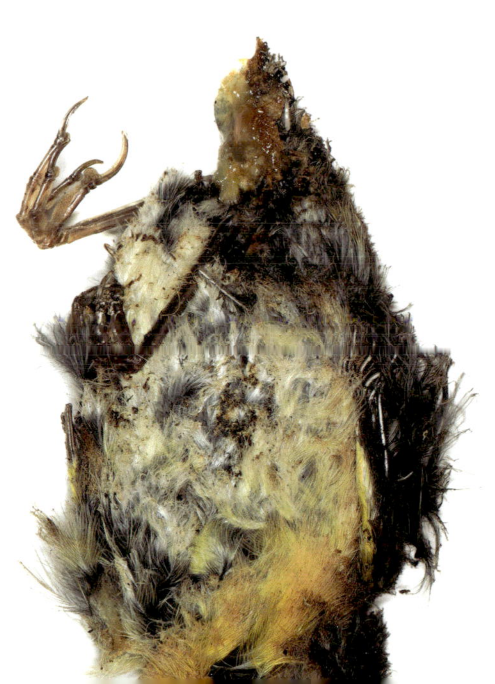

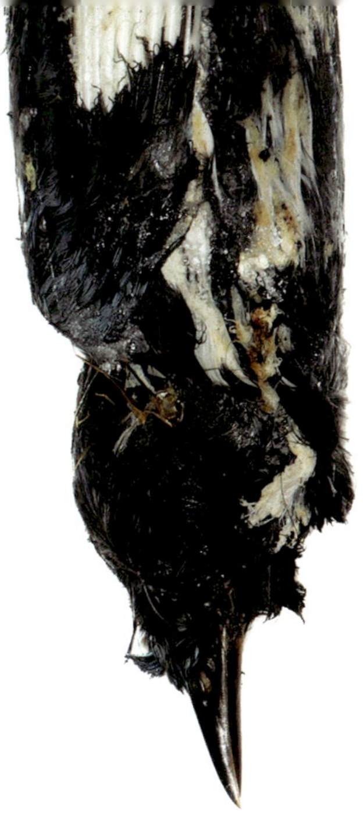

Icare, chute d'oiseaux

Un poème de Harry Thurston
Traduit par Sonya Malaborza
Photographies de Thaddeus Holownia

ANCHORAGE PRESS | 2022

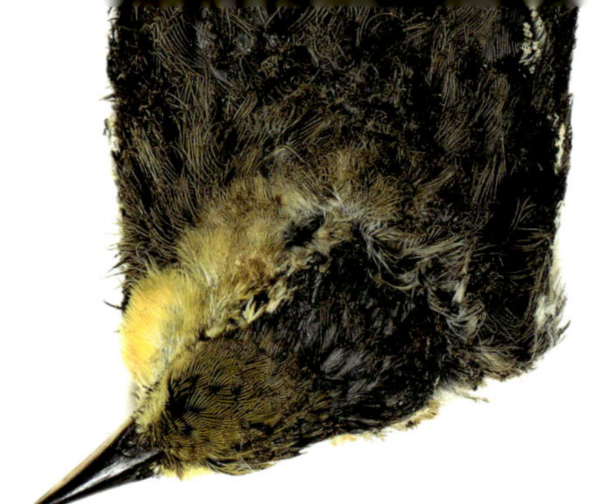

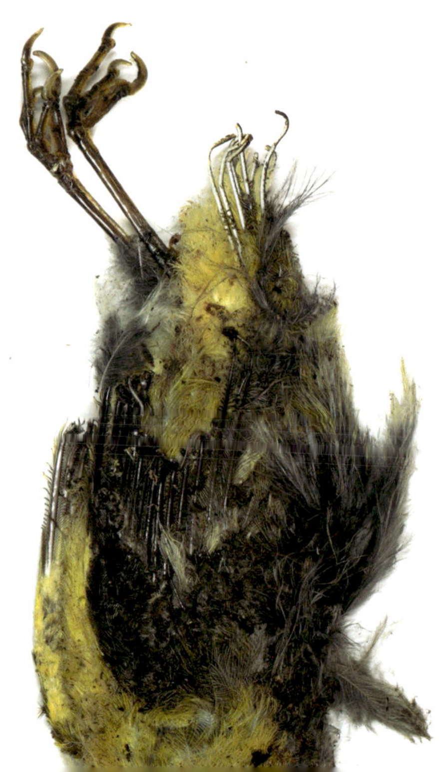

La nuit du 13 septembre 2013, des milliers d'oiseaux chanteurs en route vers le sud sont attirés « comme des mites » par une flamme haute d'une trentaine de mètres qui jaillit d'une cheminée à l'usine Canaport de Saint John, au Nouveau-Brunswick. Le résultat est tragique : de 7500 à 10 000 oiseaux, appartenant à 26 espèces — des parulines, surtout, dont la Paruline du Canada, une espèce en péril —, sont brûlés vifs. Deux ans plus tard, l'entreprise de liquéfaction de gaz naturel endosse l'entière responsabilité de l'incident et est condamnée à une amende de 750 000 $ en vertu de la Loi sur la Convention concernant les oiseaux migrateurs *et de la* Loi sur les espèces en péril.

La Loi sur la Convention concernant les oiseaux migrateurs *est entrée en vigueur en 1917. Ce livre commémore le centenaire de cet événement.*

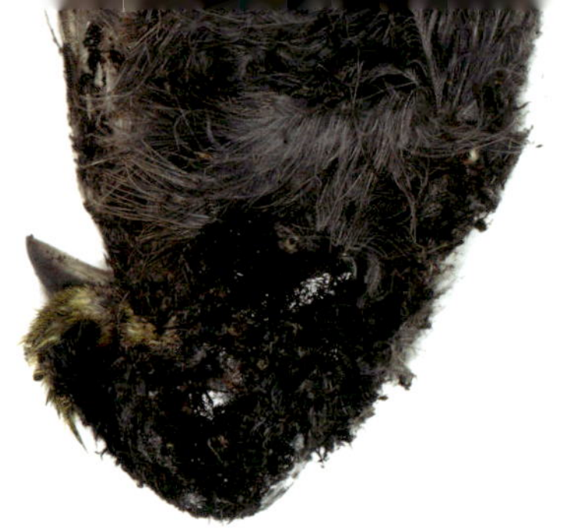
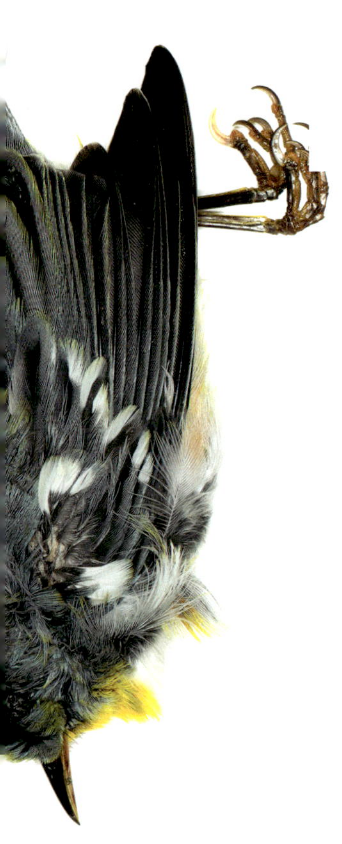
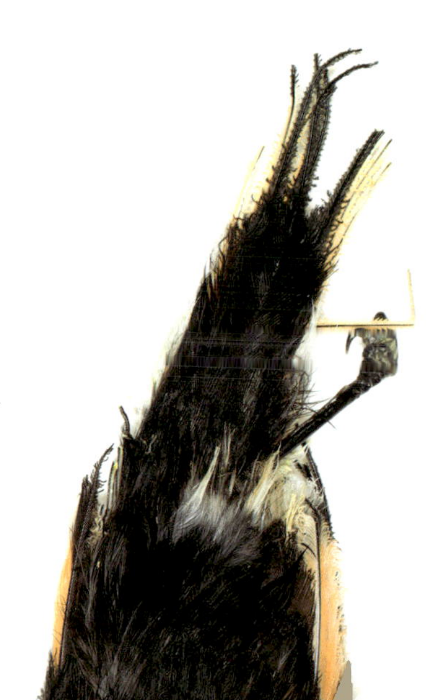

Nous avons appris à nos dépens que la disparition des oiseaux peut être suivie de notre propre disparition. –BRIDGET STUTCHBURY

Le poète dit, nomme et représente la beauté. –RALPH WALDO EMERSON

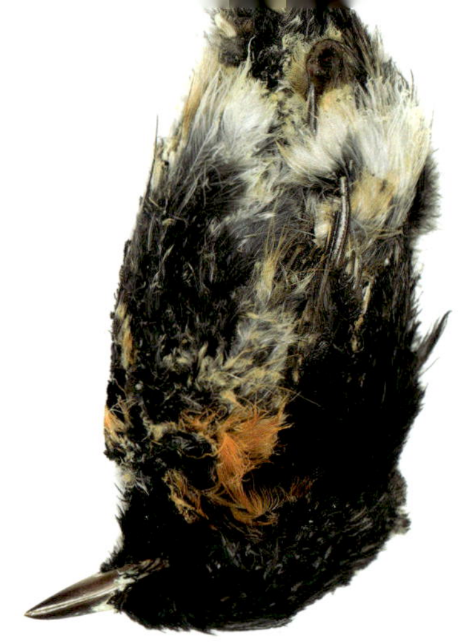

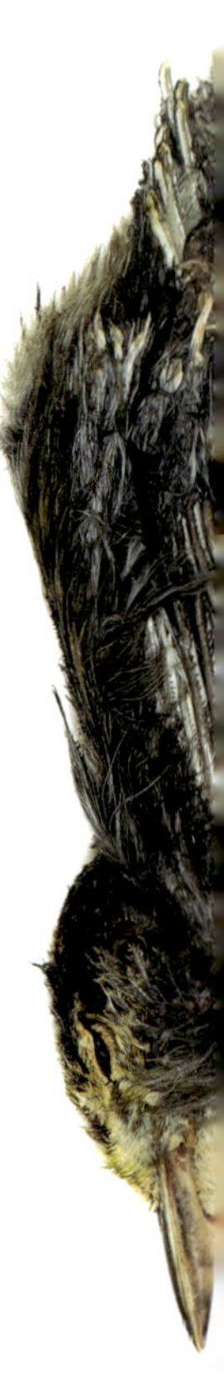

I

Emmenez-moi au cœur de cette ville portuaire, ce dédale
d'entrées, de sorties, de ponts, un véritable trompe-l'œil.
Au loin, deux grandes colonnes jumelles crachent des flammes
telles les narines du Minotaure.
Dans l'air flottent des panaches de fumée et une odeur de soufre,
et le fleuve, à cette hauteur, inverse son courant, allant tantôt
vers la mer, tantôt vers l'intérieur des terres.
On dit que l'argent fait le poids ici,
que Minos règne en maître sur la terre, sur l'eau... et même les cieux.

Cette ville est née de ses cendres tel un phœnix
de brique et de mortier, insensible au feu
si ce n'est ces poudrières de bois
où logent les pauvres en contrebas, au ras de l'eau.
D'anciennes demeures de capitaines surplombent le port,
hérissées de balcons, d'œils-de-bœuf, de vérandas, tant d'exotisme
ramené d'outre-mer au siècle dernier.

Le musée s'élève, impérieux, sur ses marches de pierre
vers des piliers et des chapiteaux, une acropole paroissiale
qui veille sur les morts et les parcours entrecroisés —
les nôtres et ceux des autres —, dans des cabinets de merveilles.
À l'intérieur se cache un autre labyrinthe. Un escalier passe en spirale
près des squelettes de baleine burinés,
des peaux de bêtes rongées par des mites,
des papillons épinglés derrière des vitrines —
ces merveilles des règnes aquatiques, terrestres et célestes
perdues à jamais dont seuls les os demeurent,
en attente d'un montage à sec, d'un décodage de l'ADN.

Emmenez-moi jusqu'au sous-sol
où flotte l'odeur familière de formol,
les effluves doucereux de chair et d'os qui se décomposent
lentement. Plongez avec moi dans la noirceur,
dans ce lieu éternel de feu et de glace.
J'enfile des gants de latex bleu, je plonge la main
au fond du congélateur où reposent des sacs d'oiseaux brûlés —

les corps étiquetés, énumérés, classifiés,
certains « non identifiables à l'œil nu ».

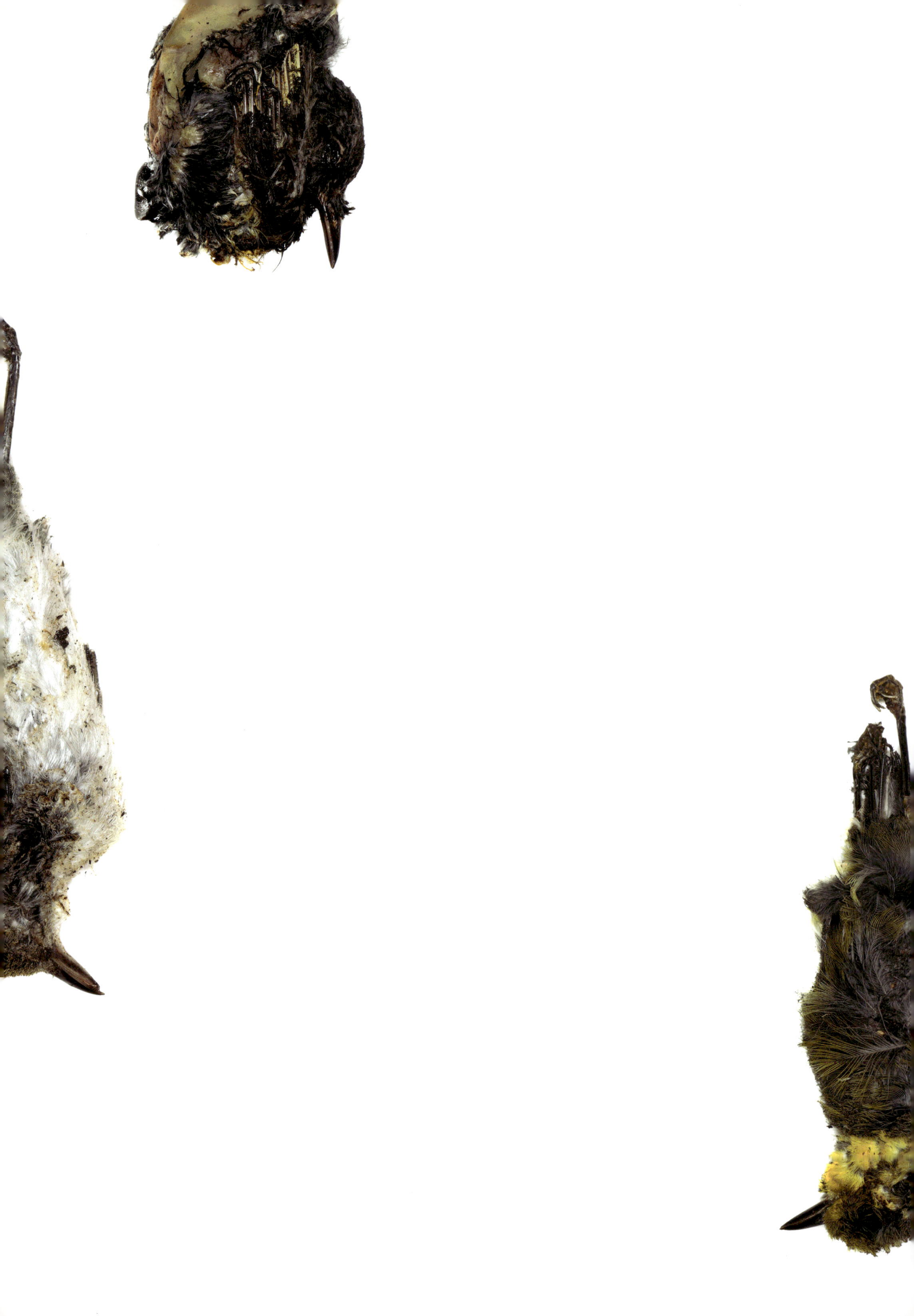

II

CARDINAL À POITRINE ROSE (*Pheucticus ludovicianus*),
GOGLU DES PRÉS (*Dolichonyx oryzivorus*),
GRIVE À DOS OLIVE (*Catharus ustulatus*),
JASEUR D'AMÉRIQUE (*Bombycilla cedrorom*),
PARULINE BLEUE (*Dentroica caerulescens*),
PARULINE À CALOTTE NOIRE (*Wilsonia pusilla*),
PARULINE DU CANADA (*Wilsonia canadensis*),
PARULINE À COLLIER (*Parula americana*),
PARULINE COURONNÉE (*Seiurus aurocapillus*),
PARULINE FLAMBOYANTE (*Setophaga ruticilla*),
PARULINE À FLANCS MARRON (*Dendroica pensylvanica*),
PARULINE À GORGE NOIRE (*Dentroica virens*),
PARULINE À GORGE ORANGÉE (*Dentroica fusca*),
PARULINE JAUNE (*Dendroica petechia*),
PARULINE À JOUES GRISES (*Vermivora ruficapilla*),
PARULINE MASQUÉE (*Geothlypis trichas*),
PARULINE NOIR ET BLANC (*Mniotilta varia*),
PARULINE À POITRINE BAIE (*Dentroica castanea*),
PARULINE RAYÉE (*Dentroica striata*),
PARULINE DES RUISSEAUX (*Seiurus noveboracensis*),
PARULINE À TÊTE CENDRÉE (*Dentroica magnolia*),
PARULINE TIGRÉE (*Dentroica tigrina*),
PARULINE TRISTE (*Oporornis philadelphia*),
PIOUI DE L'EST (*Contopus virens*),
VIRÉO À ŒIL ROUGE (*Vireo olivaceus*),
VIRÉO À TÊTE BLEUE (*Vireo solitarius*).

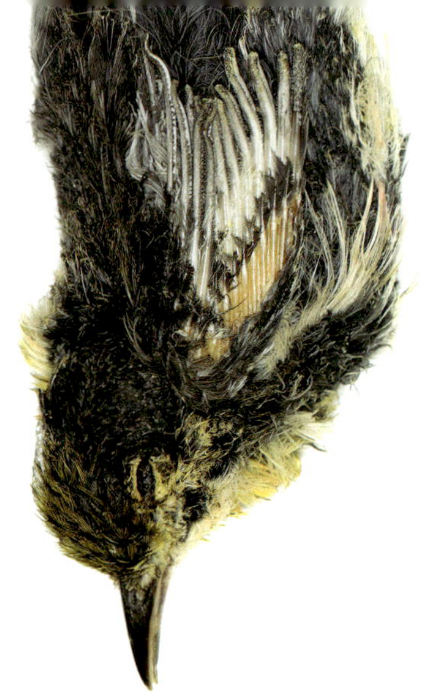

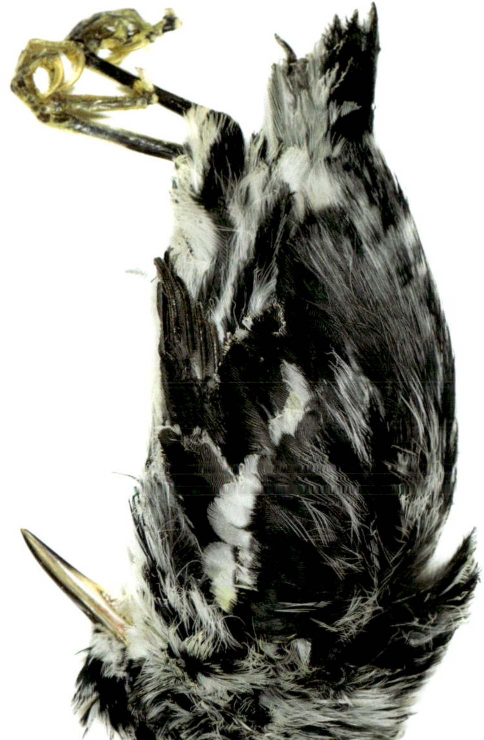

III

Lumière, horloge du corps, carte du cerveau,
boussole terrestre, étoiles, tout appelle d'une seule voix au départ
et marque le début des grandes envolées

vers le nord en partance des Andes,
des forêts tropicales d'Amérique,
des mangroves caribéennes.

Un rassemblement entonnoir
traverse le Yucatan, le golfe du Mexique,
l'enclave floridienne,

remonte le Mississippi,
survole les champs cultivés qui s'étendent à perte de vue,
sillonne les Appalaches,

les côtes sur lesquelles brille
une lumière occulte,
les villes insomniaques, les tours de vigilance éternelle.

Une tempête angélique
se déplace dans la nuit,
clandestine comme Icare alors que tout sommeille ;

des milliards de présences passagères à l'écran
n'émettent qu'un faible zozotement, *tsi-tsi*,
passent en silhouette sous les yeux des guetteurs de lune.

Toujours vers le nord,
vers la fraîcheur des forêts, cette verdure qui retombe
tel un châle sur l'orée des bois

poursuit sa route jusqu'au littoral,
traverse la Mackenzie
puis l'Atlantique

pour rejoindre les résidences d'été :
les forêts humides
(tapies dans l'ombre et la moiteur des mousses),

les enchevêtrements les plus épais,
les marécages,
les jeunes forêts, les ravins peuplés de pruches,

les abords de rigoles et de tourbières
où foisonnent la fougère, le chou puant, le tabac du diable,
l'actée blanche et le souci d'eau.

Elle se pose parmi les saules, les aulnes, les sureaux, les bleuets,
les haies et clôtures envahies de broussaille,
les bosquets en bordure de route,

se blottit dans le parfum des pinèdes,
dans l'ombrage des pruches et des épinettes,
parmi les friches infestées de moustiques, le thé du Labrador,

aux abords boueux d'un bassin au cœur des bois,
sur la rive d'un lac nordique, d'un ruisseau en montagne,
au cœur du pays des grands sapins —

tu dis que tu dis, tu dis que tu dis —
et fait entendre ses chants d'amour.

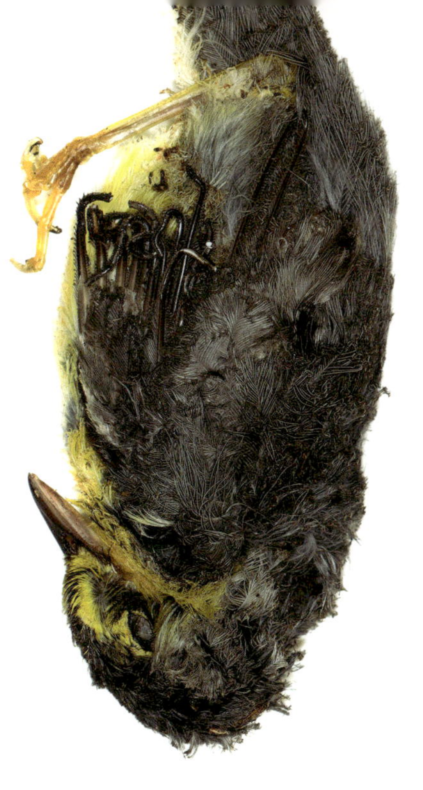
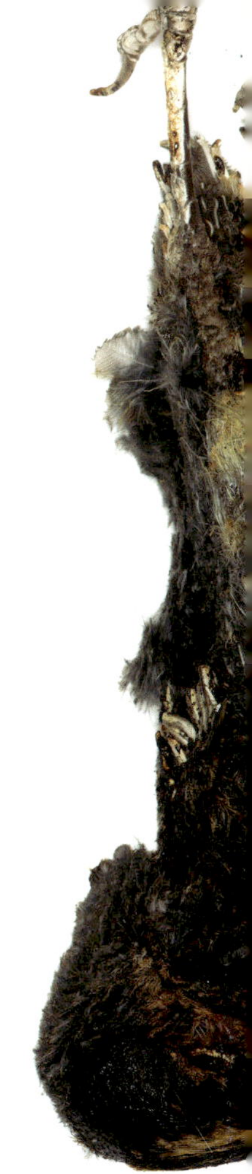
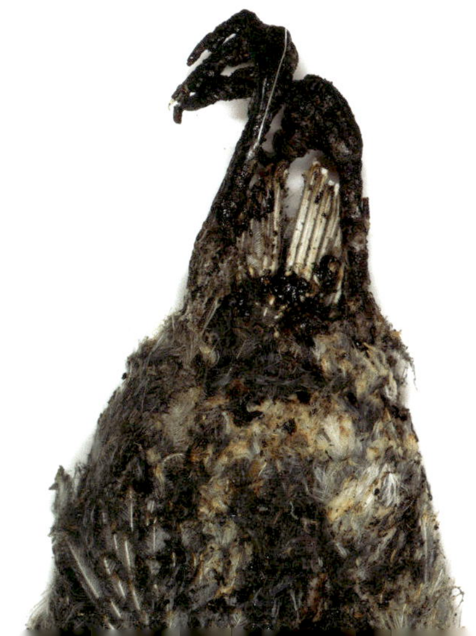

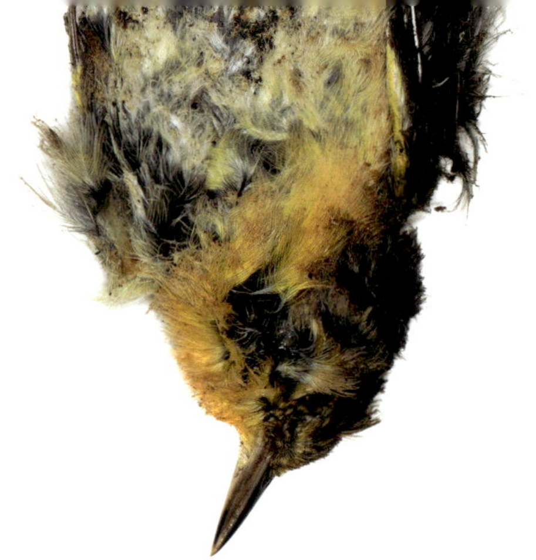

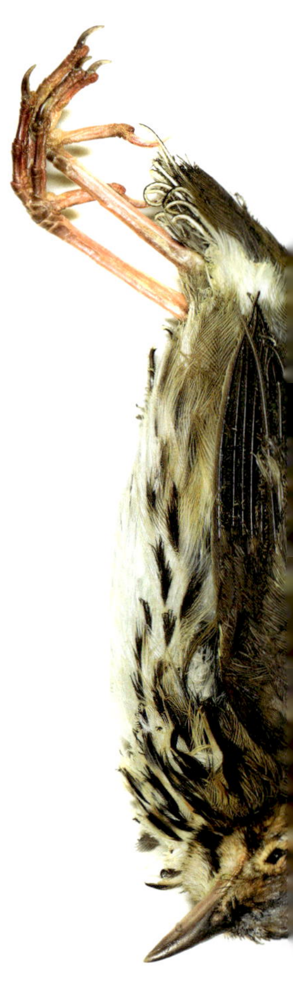

IV

Ils couinent des couplets —
ouistiti-ouistiti,
ouistiti-ouistiti,
se renvoient sans cesse la balle.

Ti-pied, ti-pied,
ti-pied, ti-pied,

Comme des cailloux qui se frottent les uns aux autres,
chi, chi,

ou sptz,
une goutte de sirop qui crachote sur la surface chaude d'un poêle.

Ils chantent au lever du jour,
perchés sur une branche à midi,
entonnent des vêpres à la brunante ;
les dernières notes du jour sont les plus douces,
elles montent en spirale
vers la lumière qui décline.

Ils chantent à longueur de journée,
vingt mille chansons
aux notes perchées plus haut que les aigus d'un piano.
Entendez leur serment :
Chéri-o-huit, chéri-o-huit.

Tu m'vois-tu ? J'suis ici !
Juste ici. Mais pas là !

J'suis ici. Juste plus haut !
T'es petit, t'est petit, ti-Louis...

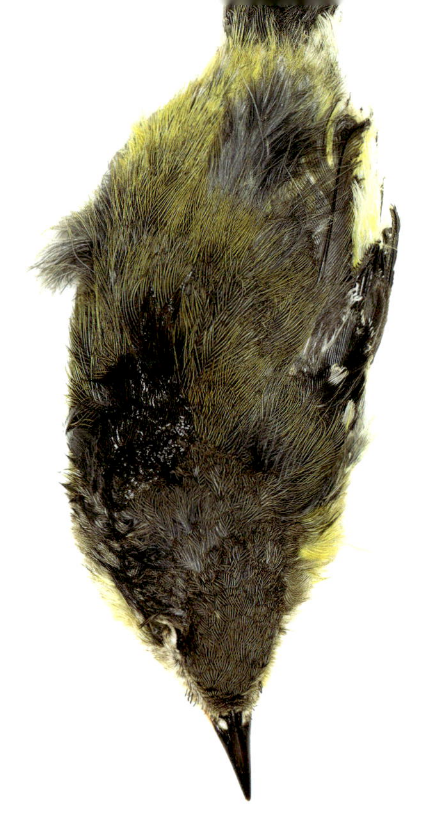

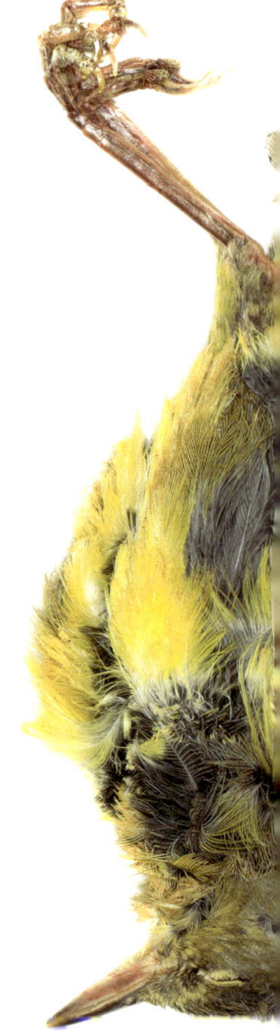

V

Leur corps brillant du même éclat que leur chant,
ces petites flammes, *los candelitas*,
se posent sur les branches dégarnies
dans les sommets verdoyants
des pruches, des épinettes, des sapins bien-aimés
où elles façonnent un nid
avec des herbes argentées de l'an dernier,
des fils de laine, des touffes de fourrure, des plumes,
du crin de cheval si elles en trouvent ;
des brindilles, des aiguilles,
des bouts d'écorce, de lichen, d'usnée
raccordés par de fines racines
puis sculptés en une forme bien ronde,
un bol parfait pour accueillir une couvée d'œufs
aux couleurs de terre
conservée bien au chaud
sous leur poitrine.

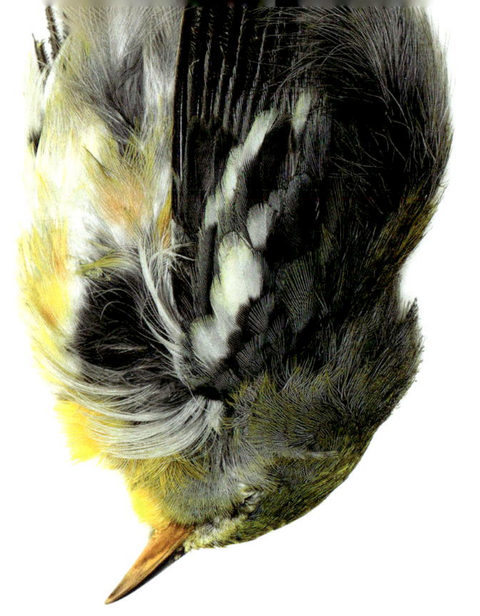

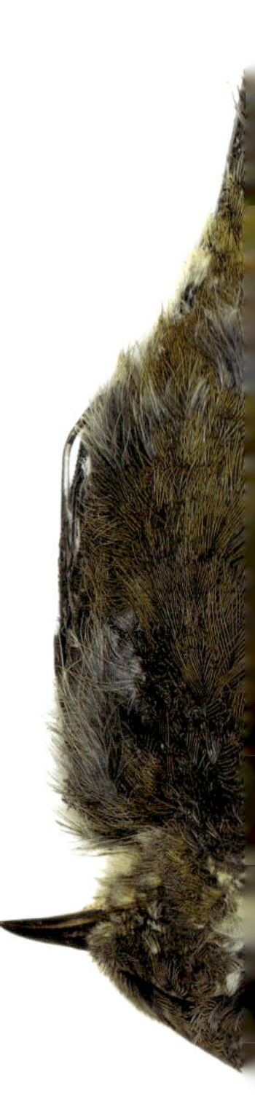

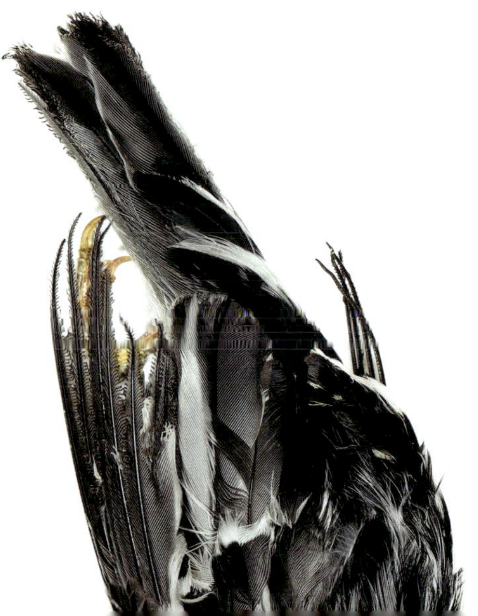

VI

Bientôt le sud les rappelle ;
engraissés par l'été et
parés de plumes aux couleurs délavées,

une multitude d'oiseaux au plumage terne
(chacun d'un poids égal au stylo-bille
à l'aide duquel le poète trace ces vers)

s'assemble dans le ciel.
De l'Alaska lointain, petits et grands traversent
le Grand Nord depuis la Baie d'Hudson

et le Labrador, quittent les sombres boisés de Minos lui-même
volant aile à aile avec d'autres
qui font le voyage depuis des millénaires.

Ils traversent comme un seul être
la côte assombrie
en cette nuit sans lune,

restent à bonne distance
du soleil
sous le plafond nuageux

bien au-dessus des hautes vagues,
percent de leurs ailes telles une aiguille à broder
le rideau de brouillard qui s'accroche au littoral.

Sans le secours de la Grande Ourse
ni d'Orion qui sauraient les guider,
ils volent, invisibles, au-dessus

des bateaux de pêche amarrés au quai,
des demeures qui s'illuminent une à une dans l'anse —
quand soudain apparaît, au-delà des sombres crêtes,

la photosphère de la ville portuaire.
Et s'élevant au-dessus de ce morne paysage,
une colonne de feu, une fausse étoile

brille de mille feux,
et les attire, ces dix mille oiseaux,
cette volée qui ne fait plus qu'un.

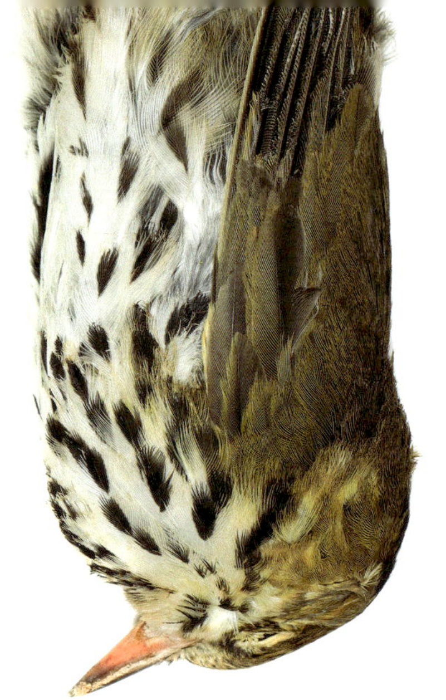

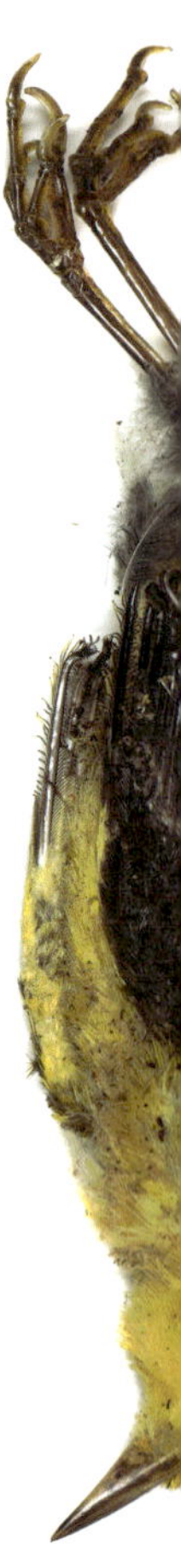

VII

Du pays ancien des pêcheurs de perles,
des boutres et de la pourpre impériale,

du pays des Touaregs
où l'on flagelle et lapide les coupables,

du pays des pétromillionnaires,
des travailleurs esclaves des temps modernes,

du pays où une ville futuriste
perce la clarté d'un ciel désertique

arrive une cargaison cryogénique, des cadavres
de créatures anciennes ressuscitées du fond des mers

pour brûler tel un soleil sur le royaume de Minos
et faire tourner ses rouages à l'autre bout du monde.

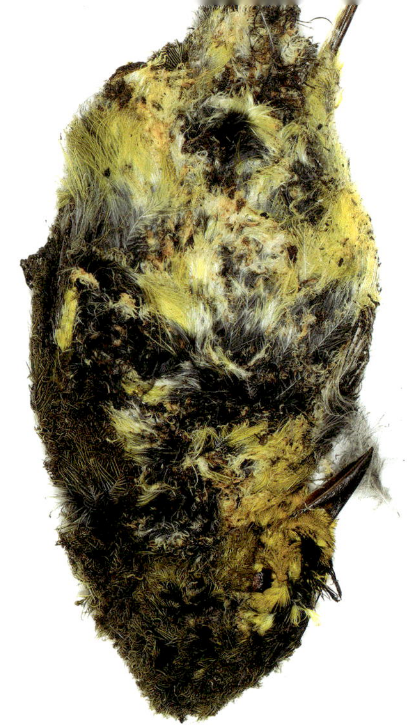

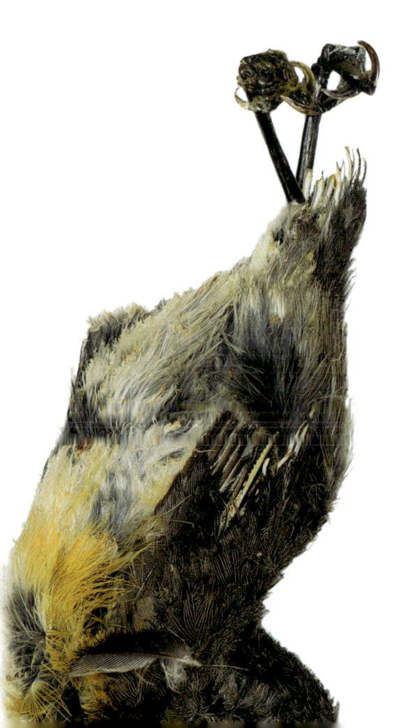

VIII

Une myriade d'oiseaux
attirés comme des mites par la flamme
sont projetés en tourbillons,

mus par un coup de queue
du légendaire Minos jusqu'aux abords
des Cercles de l'Enfer.

Même les plus distants
sont brûlés ou calcinés
et tombent du haut des cieux —

indemnes, légèrement roussis,
les barbules carbonisés,
les primaires détruites,

pratiquement plumés,
la chair exposée,
ou réduits à l'état de squelette.

Leurs petites griffes reptiliennes
n'ont pas de prise sur une flamme
de mille degrés centigrades.

Ce carbone brûlé qui transforme
en carbone brûlé la vie dénaturée —
sans phœnix, sans résurrection.

Ô pauvres oiseaux innocents, incendiés
puis dispersés au sol, vous réduisez
en larmes les gardiens de la flamme

et gravez des images dans leur esprit
qui surgiront au milieu de la nuit
ou en plein jour.

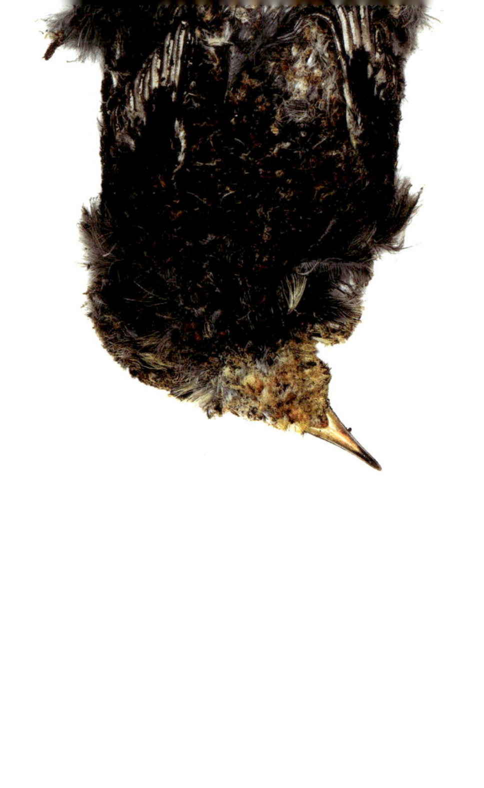
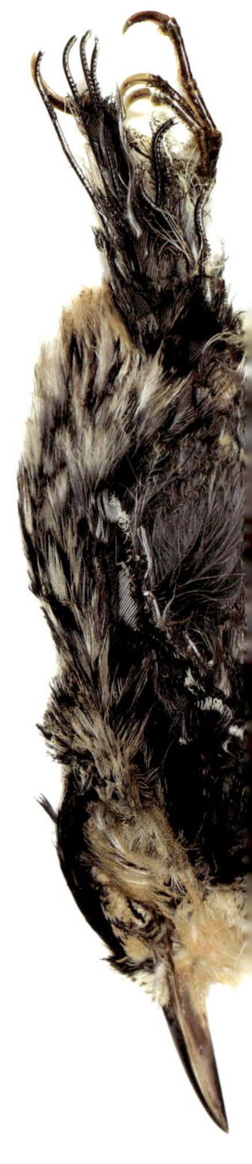
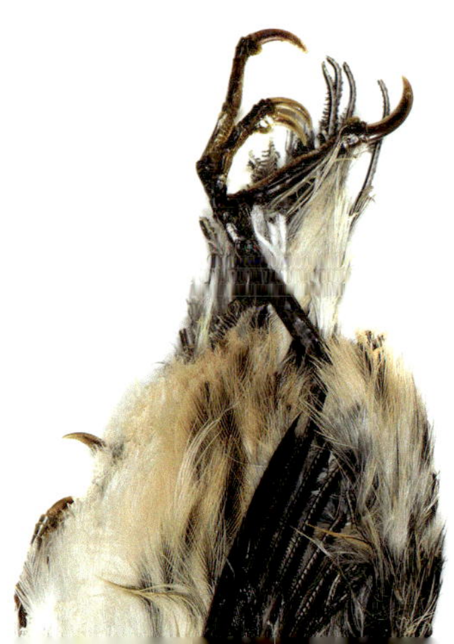

IX

Cette main a tout d'une aile :
scapula, humérus, radius, ulna,
carpes, métacarpes
et phalanges
fusionnés.

Je la plonge au creux du congélateur
rempli d'oiseaux brûlés,
et mon bras, mes doigts bleus,
me rappellent la grande aile
d'un ange bâtard.

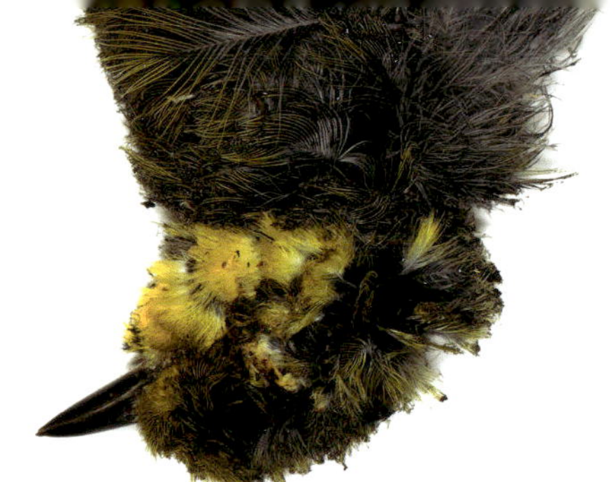

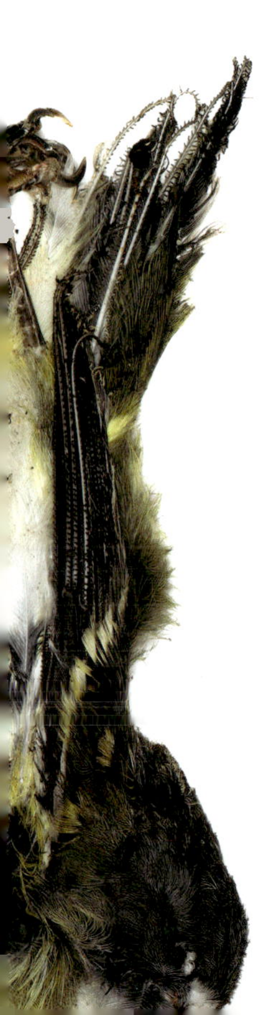

X

Je te soulève, insensible au toucher,
tes plumes givrées, tu es gelé dans les affres
d'une mort brûlante — à te *tordre*, à *souffrir* — ta tête est
rejetée vers l'arrière et pourtant tu ne chantes pas,
tu es silencieux, ton bec dur est serré,
tes yeux sont aveuglés, fermés devant l'horreur
ou grand ouverts, blanchis par la braise,
tes pattes terribles, faites pour s'accrocher,
sont tordues en un langage accablant,
réduites aux os, leurs griffes enroulées
sur elles-mêmes comme la volute
d'un violon sans cordes au bout de tes tarses calcinés,
ta poitrine duveteuse explose dans un tourbillon
de sienne brûlée, d'ocre brûlé, de gris charbon —
tes organes sont dispersés comme du plastique fondu,
tout de ton corps forme un seul ravage.

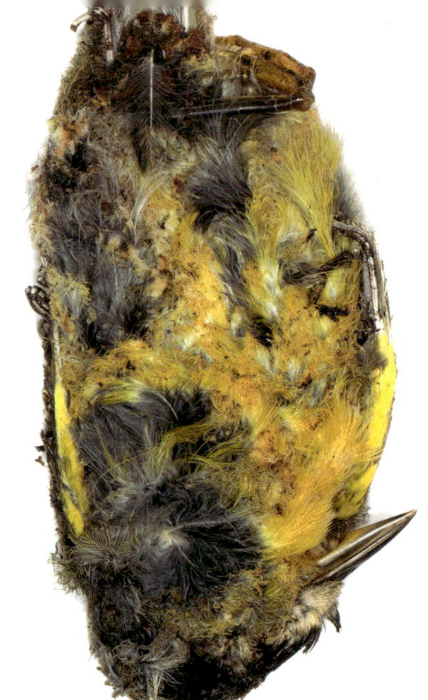
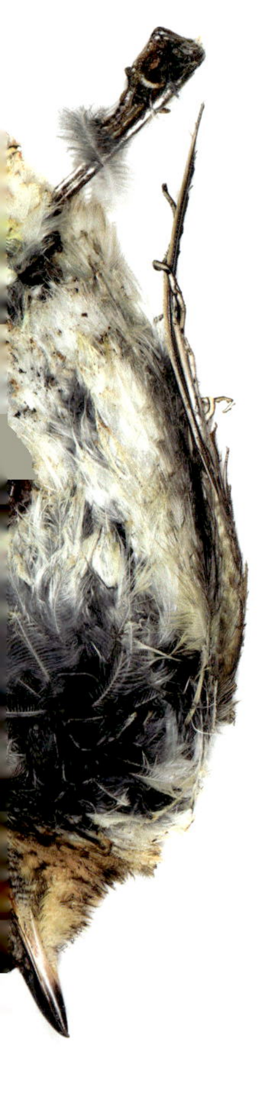
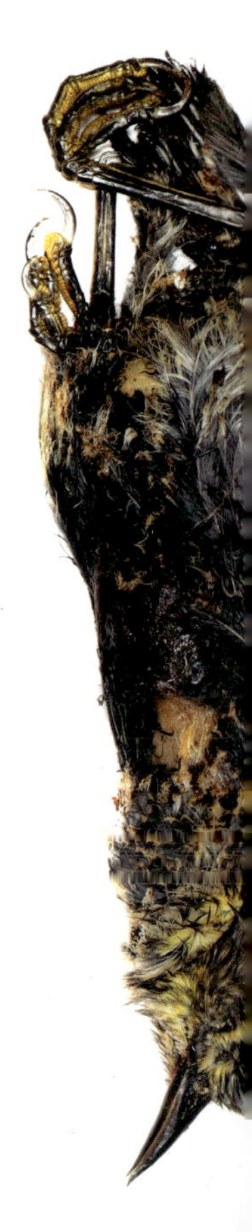

XI

La carrosserie des voitures, des camions et des 4x4 brille
telle des exosquelettes iridescents de coléoptères exotiques
qui vont et viennent dans nos villes insectes.

Toute la journée les trainées taraudent le ciel
où flottent, fragiles et dispersés, les cirrus,

et la nuit j'entends le vacarme des traversées
transatlantiques qui suivent la route du Grand cercle.

On se meut par amour, par curiosité, par affaires —
on se meut tandis que s'élève le niveau de la mer,
tandis que les feux de forêt font des ravages,
on se meut tandis que la glace des mers s'amincit encore
et que la banquise s'effrite,
on se meut alors que les glaciers battent en retraite
          et que les récifs de corail blanchissent,
on se meut encore et encore tandis que l'eau des océans s'acidifie,
          que la température monte en flèche —
on se meut sans cesse de nécessité en désir

alors que les oiseaux migrent entre les forêts incendiées et les coupes à blanc
et foncent tête première sur les tours qui coiffent nos montagnes pour transmettre
nos feuilletons et nos téléréalités, nos gazouillis sans conséquence,
pendant que brûlent les gratte-ciels dans la nuit et qu'au matin
les oiseaux jonchent les places et les pavés tels des sans-abri inertes.

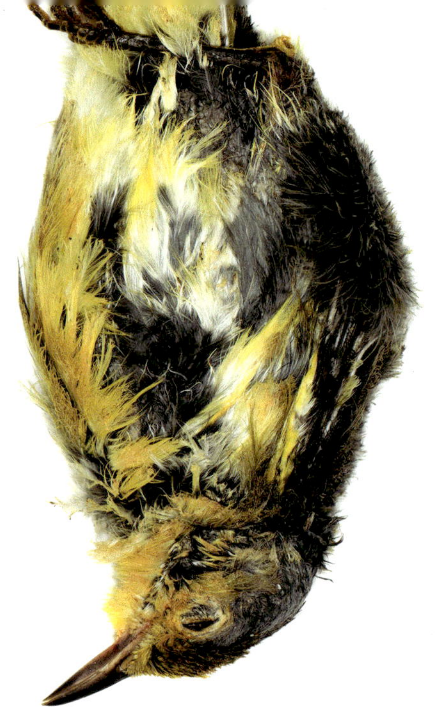

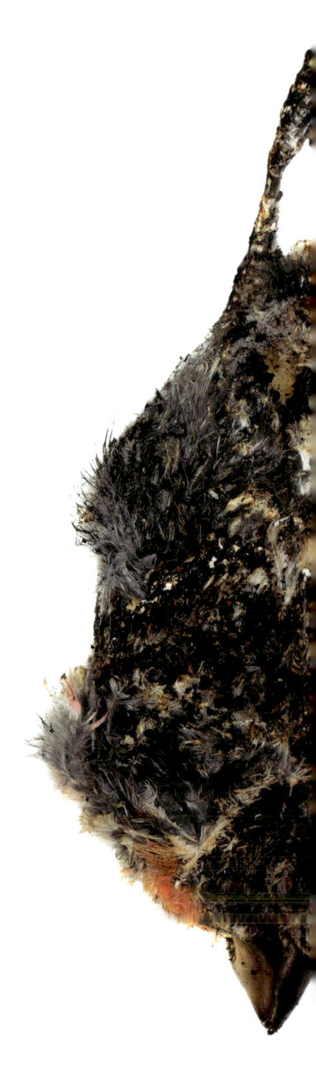

XII

Dans les bois au parfum de fougère,
dans les bois des trillium,
dans les bois où pousse le sabot-de-Vénus,
dans les bois maculés de trientales,
dans les bois où foisonne le maïanthème,
où chante la Paruline à flancs marron, à gorge noire,
à poitrine baie, noir et blanc,
où chante le Viréo à tête bleue et celui à œil rouge,
la Paruline flamboyante et à tête cendrée,
les mélodies tordues, douces et bourdonnantes
résonnent dans les bois parmi les quatre-temps.

Et c'est ici le Paradis,
ici dans l'Anthropocène,
dans la forêt boréale, en Arcadie,
en Acadie, en ce lieu d'abondance,
dans ces bois bénis, au cœur d'un été pluvieux et infesté d'insectes,
que Minos bombarde les plantations de Bacillus
pour pourrir les intestins des larves
et réduire les arbres en silence en les privant de nourriture.

Et ces douces créatures, semblables à des enfants,
chantent en se posant doucement parmi les troncs,
entre l'ombre et la lumière, pour nommer
le monde végétal au-dessous,
passant de l'usuel au latin,
chaque note une bénédiction, un adoubement.
Elles chantent sans jamais être vues
derrière le voile d'une feuille qui se déplie,
chaque note un indice lancé à l'oreille qui sait décoder
sa musique, sa beauté, son décor.

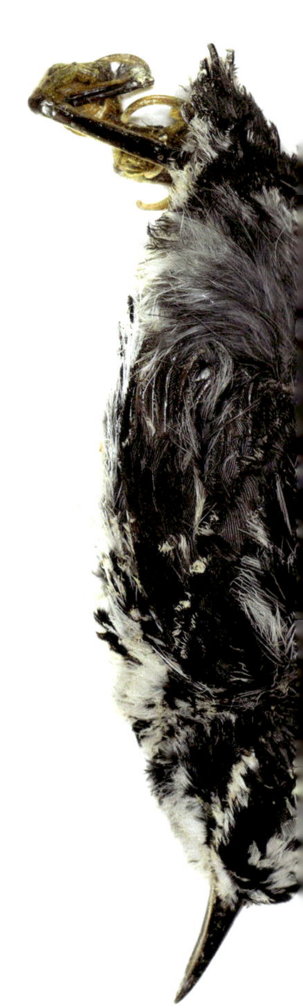

À propos du texte

Icare, chute d'oiseaux prend appui sur plusieurs textes scientifiques, mythologiques, naturalistes et poétiques. La description des chutes réversibles de Saint John dans le texte I et celle du vol des oiseaux au-dessus de la mer dans le texte VI s'inspirent de passages dans la traduction faite par Allen Mandelbaum de *La métamorphose d'Ovide* (Harcourt, 1993). Le terme «les autres» est emprunté à Farley Mowat. La phrase «non identifiable à l'œil nu» à la toute fin du texte I était inscrite sur une étiquette attachée à un oiseau gravement brûlé. La liste d'oiseaux qui forme le texte II et les descriptions des dommages infligés aux oiseaux par la chaleur et les flammes dans le texte VIII sont tirées d'un rapport rédigé par Donald F. McAlpine, conservateur de la recherche au Musée du Nouveau-Brunswick, intitulé «Report on passerine mortality associated with a liquefied natural gas flare in Saint John, New Brunswick in September 2013». Les textes III à VI s'appuient sur des renseignements retrouvés dans *Life Histories of North American Wood Warblers* d'Arthur Cleveland Bent (Dover, 1963). Plusieurs vers du texte I – les vers 4 et 5 du couplet 4, plus précisément – s'inspirent de la traduction faite par Mandelbaum de la *Divine Comédie de Dante Alighieri* : l'Enfer (Bantam, 2004). Il en va de même pour le vers 3, couplet 3, du texte VIII.

Les citations en exergue sont tirées de *Silence of the Songbirds: How We Are Losing the World's Songbirds and What We Can Do to Save Them* de Bridget Stutchbury (Walker & Co., 2007) et d'un essai de Ralph Waldo Emerson intitulé « The Poet ».

Remerciements

L'auteur souhaite avant tout exprimer sa gratitude envers Thaddeus Holownia, ami et photographe, à qui revient l'idée de collaborer à ce projet. Merci à Luke Hathaway d'avoir prêté son regard aiguisé d'éditeur et son bon jugement, lesquels ont permis d'améliorer ce poème. Merci également aux poètes Allan Cooper et E. Alex Pierce pour les encouragements et les commentaires offerts pendant l'écriture du poème. Un merci tout particulier à Donald F. McAlpine du Musée du Nouveau-Brunswick de nous avoir permis d'examiner et de photographier les oiseaux recueillis à la suite de l'incident tragique dont il est question dans ce texte.

Merci enfin au Conseil des arts de la Nouvelle-Écosse de m'avoir accordé une subvention d'aide à la création qui m'a permis de travailler à ce poème.

HARRY THURSTON

Le désastre écologique duquel est né ce projet a été porté à mon attention quand ma partenaire, Gay Hansen, a été appelée à se joindre à un groupe d'ornithologues afin d'identifier plus de 10 000 oiseaux qui ont perdu la vie dans le torchage des gaz à l'usine Canaport. Ce fut sans doute la tâche la plus difficile et la plus repoussante qu'il lui ait jamais été donnée d'accomplir.

THADDEUS HOLOWNIA

LES ARTISTES RECONNAISSENT LE SOUTIEN À LA PUBLICATION DE CE LIVRE DU FONDS D'APPUI MARJORIE YOUNG BELL AUX PROJETS EN BEAUX-ARTS ET EN MUSIQUE. LES PHOTOS ONT ÉTÉ PRISES À L'AUTOMNE 2015 AU MUSÉE DU NOUVEAU-BRUNSWICK, À SAINT JOHN, À L'AIDE D'UN APPAREIL NIKON D7200 ÉQUIPÉ D'UNE LENTILLE MACRO 60 MM DE MARQUE NIKKOR ET D'UN FLASH MACRO SB-21 DE MARQUE NIKON. TRADUCTION DES POÈMES ET DES TEXTES LIMINAIRES : SONYA MALABORZA. RÉVISION DE LA VERSION FRANÇAISE : LUBA MARKOVSKAIA. CONCEPTION DU LIVRE : ROBERT TOMBS. MISE EN PAGE EN QUESTA, CARACTÈRE DESSINÉ PAR JOS BUIVENGA ET MARTIN MAJOOR. IMPRIMÉ SUR LES PRESSES DU GROUPE LOWE-MARTIN, À OTTAWA, PUIS RELIÉ CHEZ MULTI-RELIURE, À SHAWINIGAN, POUR LE COMPTE DE THE ANCHORAGE PRESS DE JOLICURE (NOUVEAU-BRUNSWICK).

WWW.ANCHORAGEPRESS.CA; WWW.HOLOWNIA.COM

ISBN 978-1-895488-56-2

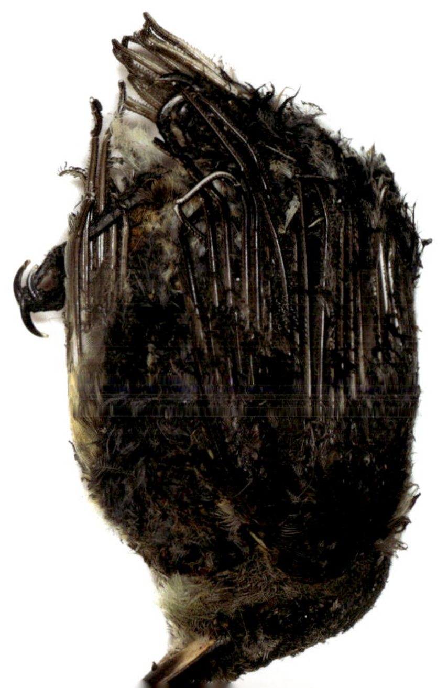